suhrkamp taschenbuch 1580

Hans Jonas
Materie, Geist und Schöpfung

Kosmologischer Befund
und kosmogonische Vermutung

Suhrkamp

Umschlagfoto: Isolde Ohlbaum

suhrkamp taschenbuch 1580
Erste Auflage 1988
© Suhrkamp Verlag Frankfurt am Main 1988
Suhrkamp Taschenbuch Verlag
Alle Rechte vorbehalten, insbesondere das
des öffentlichen Vortrags, der Übertragung
durch Rundfunk und Fernsehen
sowie der Übersetzung, auch einzelner Teile.
Satz: Hümmer, Waldbüttelbrunn
Druck: Ebner Ulm
Printed in Germany
Umschlag nach Entwürfen von
Willy Fleckhaus und Rolf Staudt

1 2 3 4 5 6 – 93 92 91 90 89 88

Materie, Geist und Schöpfung

Für Heinrich und Maria Popitz

Vorwort

Die hier vorgelegte Schrift erhielt ihren ersten Anstoß durch einen mir freundschaftlich zur Kenntnisnahme übersandten »Entwurf zum Thema Kosmos und zweiter Hauptsatz«. Darin wurde – als erster Schritt eines kosmologischen Gesamtkonzepts – zur Erklärung der Tendenz der Natur, von Gebilden niedriger Ordnung ausgehend solche höherer Ordnung zu schaffen, die Annahme vorgeschlagen, daß im Entstehungsaugenblick der Welt (also im sogenannten »Urknall«) außer der gesamten Energie des Kosmos auch schon die *Information* entstanden war, die von der »chaotischen Explosion« über zunächst immaterielle Energieformen und daraus sich differenzierende Urpartikel schließlich zu Protonen führte, zum Wasserstoffatom und von da zur Bildung weiterer Ordnungssysteme, wie das periodische System der Elemente, die anorganischen Verbindungen, die Schönheitswelt der Kristalle, und auch zur Ordnungsform der geschlossenen *Kreisläufe* – der astronomischen im All, der atmosphärischen, biotischen usw. hier auf Erden. Es sei also schon im Urknall ein »kosmogonischer *Logos*« enthalten gewesen, der dem von Ludwig Klages geprägten Begriff eines kosmogonischen Eros ergänzend zur Seite tritt.

Lediglich dieser Benutzung des Informations- und Logosbegriffes wollte ich, ohne schon auf den Gesamtentwurf einzugehen, brieflich in aller Kürze widersprechen; aber unversehens fand ich mich, bei der Skizzierung eines mir annehmbarer erscheinenden Gegenvorschlags, in eigene kosmogonische Spekulation hineingezogen, in der sich das naturphilosophisch-ontologische Nachsinnen von Jahrzehnten artikulierte. Daraus wurde statt des beabsichtigten Briefes die jetzige Schrift, und diese Entstehung erklärt, warum sie mit der Ablehnung einer Hypothese beginnt. Von da an geht sie ihren eigenen, in Teilen schon früher von mir beschrittenen Weg, ohne weiteren Bezug auf den Anlaß, der mich so spät im Leben noch einmal auf ihn verlockte. Seinerseits hat jener »Entwurf« inzwischen seine eigene, hiervon ebenso unabhängige Ausführung gefunden: Siehe Max Himmelheber, »Die Trinität der Natur« in *Scheidewege*, Jahrgang 18, 1988. Ebendort findet sich auch, unter dem Titel »Geist, Natur und Schöpfung«, eine stark verkürzte Fassung des hier Gebotenen, die im Mai 1988 als Eröffnungsvortrag 3 auf dem Internationalen Kongreß »Geist und Natur« der Stiftung Niedersachsen in Hannover vorgetragen wurde.

Da diese Schrift in manchen Punkten ein Destillat von Gedankengängen ist, die in früheren meiner Schriften ausführlicher dargelegt sind, habe ich mir erlaubt, in den Anmerkungen den Leser auf diese zu verweisen, wo immer die Dichte des gegenwärtigen Textes sich die angemessene Begründung versagen mußte.

Die Reihenfolge Materie, Geist, Schöpfung im Titel soll den Gang dieser Untersuchung anzeigen. Sie beginnt mit dem mengenmäßig überwiegenden objektiven Aspekt der Welt, ihrem in Raum und Zeit ausgebreiteten *Stoffe*, wie die Naturwissenschaft ihn beschreibt (1–2); sie schreitet über den nur in seinem kleinen lebendigen Teil sich bekundenden Aspekt der *Subjektivität* (3–4) zu dem darin wieder sich heraushebenden, aber immer noch mit der Materie verbundenen Geheimnis des *Geistes* fort, wie wir ihn allein im Menschen, also von uns selbst her kennen (5); und wirft von daher die Frage nach dem schöpferischen Urgrund dieser Stufenfolge, d.h. die Gottesfrage auf (6–16). Wir schreiten also in der Aufnahme des kosmologischen *Befundes* von außen nach innen vor, und das heißt, seinsgeschichtlich vom Früheren zum Späteren, mengenmäßig vom Häufigsten zum Seltensten, strukturmäßig vom Einfachsten zum Komplexesten, der Erschließungsweise nach vom Sehen über Fühlen zum Denken – und wenden uns von diesem Innersten, Seltensten und Spätesten zurück zum Allerersten, selbst der Materie noch Vorausliegenden: vom kosmologischen Befund zur kosmogonischen *Vermutung*, die sich der Vernunft empfiehlt, sie aber nicht zwingen kann. Mehr dürfen wir in einer Spekulation über den Anfang von Allem nicht erwarten.

Bei der Aufnahme des Befundes ist das Moment der *Entwicklung* entscheidend, und demgemäß lautet hinsichtlich der allem zugrundeliegenden, überall gleichen

Weltmaterie die Frage: Aus welchem Fortschrittsprinzip läßt sich ihre Entwicklung, die gesamtkosmische und dann speziell die irdische bis hin zu den subtilsten Gebilden der organischen Welt, erklären? Das Rätsel ist dabei die anti-entropische, physikalisch unwahrscheinliche Richtung von Unordnung zu Ordnung (nur die umgekehrte ist wahrscheinlich), vom Niederen zum Höheren, und so weiter. Ist da vielleicht der Begriff der »Information« brauchbar, die Vorstellung also einer uranfänglich dem Weltstoff innewohnenden, mit ihm zugleich im »Urknall« entstandenen Programmierung, die seinen Werdegang zu höheren Ordnungen lenkt? Eine solche vorgängige, universale, steuernde Information könnte man wohl, auf griechische Traditionen zurückgreifend, als »kosmogonischen Logos« bezeichnen.

1. Kosmogonischer Logos? Warum in der Urmaterie keine »Information« angenommen werden kann

»Information« braucht für sich selbst schon, als ihr physisches Substrat, ein differenziertes und stabiles System, wie es das molekular vollständig artikulierte und darin beharrliche Genom von Lebewesen ist (oder die magnetisch ebenso ausbuchstabierte Programmierung – »Software« – von Computern). Information ist also nicht nur Ursache, sondern selber schon Ergebnis von Organisation, Niederschlag und Ausdruck des vorher Erreichten, das dadurch perpetuiert, aber nicht überhöht wird. Da nun *beides*, Artikulation und Stabilität, im (hypothetisch) total Undifferenzierten und total Dynamischen der »Substanz« des Urknalles – überhaupt im »Chaos« – keine Stätte hat, so scheidet die Hypothese eines der werdenden Materie schon anfänglich innewohnenden kosmologischen »Logos«, überhaupt jeder prästabilierten Programmierung und Planmäßigkeit, als Erklärungsmodell der Entwicklung aus. Aufs kürzeste gesagt: Information ist ein Gespeichertes, und zu irgendwelchem Speichern hatte der Urknall noch keine Zeit.

Und nicht nur genetisch, auch logisch versagt der Begriff der Information, d. h. eines schon vorhandenen Logos: Wie immer es im Einzelfall zu seiner haltbaren Artikulierung gekommen sei, er kann nur sich selbst wiederholen, sein Niveau erhalten und seinen Platz in der Welt ausbreiten, aber keinen Schritt über sich hinaus erklären. Dazu bedarf es eines transzendierenden Faktors, der hinzutritt und ins Neue führt. Was könnte das sein?

Ich neige zu der Antwort, daß es einerseits trivialer, gesetzloser, andererseits geheimnisvoller dabei zugeht, als der in sich so einsichtige, rückläufig vom Ergebnis her postulierte und letztlich deterministische Logos- oder Informationsbegriff nahelegt. Das eine trifft auf die physikalische, das andere auf die mentale Seite zu.

2. Die Alternative zum Logos: Ordnung aus Unordnung durch natürliche Auslese

Zuerst also das planlos Unordentliche im Werdegang der Naturordnungen: Grundlage aller Ordnung in der Natur, also einer Natur überhaupt, sind die Erhaltungsgesetze. Diese aber sind zur Herrschaft gekommen, weil eben nur das Sich-Erhaltende sich erhält. Diese Tautologie erklärt die Gesetzmäßigkeit der uns gegebenen Natur: Sie ist selber schon ein Auslese-Ergebnis, ein universales, das dann die Regeln für weitere, speziellere und lokale Auslesen setzt. D. h. schon die Naturgesetze sind entstanden, indem im Regellosen *auch* die stabilen, relativ dauerhaften Entitäten entstanden, die sich immer (oder sehr lange) gleich benehmen und damit »durchsetzten«. Es ist der ursprünglichste, stiftende Fall von »survival of the fittest«. Die Ordnung ist erfolgreicher als die Unordnung. Das Gesetz- und Regellose, keinen Erhaltungsgesetzen Gehorchende kann es sehr wohl in beliebiger Vielheit gegeben haben, aber als jeweils Flüchtiges verschwindet es früher oder später und wird vom Regelmäßigen überdauert, das schließlich fast allein übrigbleibt. Das Kurzlebige weicht dem Langlebigen eben wegen seiner Kurzlebigkeit (wieder die »Tautologie«) und findet später in der Ausbreitung und Solidifizierung des Langlebigen fast keinen Platz mehr. So kam es zur Formation und Ausbreitung des dauerhaften Protons und damit zur Herrschaft der Gravitation und Mechanik; und vom Wasserstoffatom zur Entstehung der periodischen Tafel der Elemente und der Chemie (einschließlich der Schönheit der Kristalle), kurz zum Reich der Materie. Ebenso entstand aus der beginnenden Strahlung die Quantenstruktur der elektromagnetischen Energie ... Mit einem Wort, die Partikel, die vier Kräfte (usw.), ja die Erhaltungsgesetze und mit ihnen die strikte Kausalität als solche und ihre kosmische Vorherrschaft sind Entwicklungs- und Ausleseprodukte. (Ich sage »Vorherrschaft« – von Alleinherrschaft zu sprechen haben wir kein Recht). Aus dem Vergänglichen entstanden, sind sie selber vergänglich – sie sind nicht ewig, nur sehr, sehr beständig nach kosmischem Zeitmaß: Im Wesen ist ihre Dauerhaftigkeit relativ, nicht absolut. Unter ihrer Ägide entstanden auch die sich weithin durchsetzenden Kreisbewegungen von Galaxien, Sonnen, Planeten. Ihre vergleichsweise langlebige Ordnung sog mehr und immer mehr vom Chaotischen in sich und fährt fort, es zu tun, aber auch sie ist nicht ewig. »Kreislauf« ist nicht ein Prinzip, sondern eine Errungenschaft der Natur, und sie nutzt sich ab: Der Kreislauf z. B. von Tag und Nacht und Sommer und Winter und atmosphärischer Erneuerung wird aufhören, wenn infolge Bremswirkung der Gezeiten auf die Umdrehung zuletzt die Erde der Sonne ständig nur eine Seite zukehrt (wie jetzt schon der Mond der Erde).[1] Aber inzwischen ist viel Zeit für Entwicklung auf der Erde (und im Kosmos).

Wieso denn Entwicklung? Warum ist die Welt nicht mit der Gewinnung der Elemente, der Strahlung und der Kausalgesetze erstarrt, einfach bei dieser generellsten Dauerordnung und den daraus direkt erwachsenen Formationen des Makrokosmos und der Chemie geblieben? Darwin hat darauf die Antwort gegeben: es blieb immer genug an »Unordnung« übrig, um in blindem Zufall und Einzelfall bestehenden Formationen neue Charakterzüge (Strukturfaktoren) zuzuschanzen, und die Augenblickswürfe unterlagen dem Ausleseprozeß der Evolution mit ihrem baren numerisch-differentiellen Überlebenskriterium. *Das* ist der benötigte »transzendierende Faktor«, der zu Neuem und dann auch zu Höherem führt – ohne Vorinformation, ohne Logos, ohne Plan, sogar ohne Streben, nur durch die Anfälligkeit gegebener Ordnung, die schon zu »Information« kodifiziert ist, für umgebende Unordnung, die sich ihr als zusätzliche Information aufzwingt.[2]

Damit ließe sich denn der Anstieg bis zu den komplexesten und subtilsten Lebensformen (Organisationsstufen) erklären, *wenn* diese, wie Descartes behauptete, nichts als mechanische Automaten wären. Sie sind es aber nicht, sie sind um ein generisch Anderes mehr, wie wir – z. B. durch unsere gegenwärtige Nachfrage nach der Natur der Dinge – aus erster Hand wissen: Es ist die Dimension des Subjektiven da, die Innerlichkeit, die kein stofflicher Befund von sich her vermuten läßt, von deren Vorhandensein kein physikalisches Modell das Geringste verrät, die es mit seinen Begriffen weder darstellen noch erklären kann, ja deren – doch unleugbarer – Mitsprache beim äußeren Geschehen es nicht einmal Raum zu bieten scheint. Auch nicht die vollständigste äußere Bestandsaufnahme eines Gehirns bis in seine feinsten Strukturen und Funktionsweisen hinein ließe das Dabeisein von Bewußtsein ahnen, wüßten wir darum nicht durch eigene innere Erfahrung – eben durch das Bewußtsein selbst. Um diese Innendimension in das Bild einzubeziehen, wie es nötig ist, da sie ja schließlich *im* Naturgeschehen hervorgetreten ist und *an* Naturformen erscheint, müssen wir die Rechenschaftsablage über das Sein, die kosmologische Frage, noch einmal von Anfang an aufnehmen.

3. Das Rätsel der Subjektivität

Hiermit kommen wir zum Geheimnisvollen, dem Transphysikalischen und Immateriellen. Die Subjektivität oder Innerlichkeit ist ein ontologisch wesentliches Datum im Sein, nicht nur wegen seiner irreduziblen Eigenqualität, ohne deren Mitverzeichnung der Seinskatalog einfach unvollständig wäre, sondern mehr noch, weil die darin enthaltene Bekundung von Interesse, Zweck, Ziel, Streben, Begehren – kurz »Wille« und »Wert« – die ganze Frage der Teleologie, die durch den bloß physikalischen Befund schon ausschließlich zugunsten wahlloser Wirkursachen entschieden schien, wieder offen stellt, und damit die Frage der Weltkausalität überhaupt. Das Auftreten der Subjektivität im Lebensbereich, an Organismen, ist eine empirische Tatsache. Der Hervorgang des Reiches der Organismen insgesamt aus bestimmten chemisch-morphologischen Ordnungen der Materie ist durch die Außeneigenschaften der Materie selbst (ihre »Geometrie« einschließlich der darin verschlüsselten Informatik) erklärbar; nicht jedoch der (im Fühlen etc.) sich dabei eröffnende Innenhorizont: Er war in keinem der Daten, aus denen sich die Genese organischer Systeme konstruieren läßt, enthalten und läßt sich wegen seiner ganz andersartigen Dimensionalität ihnen auch nicht nachträglich-retrospektiv, sozusagen ergänzend, hinzufügen, wie etwa der elektromagnetische Aspekt zum Massenaspekt, oder die »schwachen« und »starken« Kernkräfte zur Schwerkraft und Strahlungskraft. Man kann

17

schlechterdings keine Summe aus Raumgrößen einerseits und Fühlen andererseits bilden; kein gemeinsamer Nenner gestattet, trotz aufzeigbarer Zuordnungen, »Ausdehnung« und »Bewußtsein« in einer homogenen Feldtheorie zu vereinigen. Und dennoch existieren sie zusammen, nicht nur nebeneinander, sondern interdependent und interagierend miteinander, und zwar durchaus *an* der »Materie« und – mindestens was eine Seite, die innerliche, anlangt – unzertrennlich von der anderen (denn von körperlosem Geist weiß keine Erfahrung). Wie wird das Denken damit fertig? Wie kann eine Seinslehre aussehen, die dem Rätsel gerecht wird?

Hier ist die Spekulation (ur-uralt) seit je sehr verschiedene Wege gegangen und kann bestenfalls auf Formeln hoffen, die dem Intellekt etwas annehmbarer sind als andere. Der Hauptunterschied ist der zwischen dualistischen und monistischen Antworten. Die dualistischen haben in Religion und Metaphysik lange überwogen und sie waren die gewaltigen Förderer und Bewahrer der Selbstentdeckung der Seele in ihrer ganzen Sonderart. Unverjährbarer Dank gebührt ihren mächtigen Verkündern (um bei der westlichen Überlieferung allein zu bleiben) von Plato und Zarathustra über Paulus, Orphiker, Gnostiker und Augustin bis zu Pascal und Kierkegaard. Ohne ihre radikale Polarisierung des Seins in Leib und Seele, Welt und Selbst, Stoff der Sinnenwelt und unsichtbarer Geist, die den Blick nach innen lenkte, wäre die Seele flacher geblieben und unwissender um sich selbst. Doch dem theoretischen Urteil hält der Substanzen-Dualismus nicht stand; er scheitert am Kardinalphänomen des organischen Lebens, das von intimster Verbundenheit der beiden Seiten zeugt. So ist z. B. Descartes' hypostasierende Trennung von denkendem und ausgedehntem Sein sowohl logisch als auch phänomenologisch unhaltbar. Logisch, denn die ad-hoc-Postulierung einer eigenständigen Denksubstanz, die sich in eben dieser Eigenschaft nie beweisen kann, ist ein *deus-ex-machina*-Argument und (mit Spinoza zu sprechen) ein Asyl des Unwissens; phänomenologisch, denn nicht nur die faktische und kausale Leib-Seele-Verhaftung, sondern mehr noch der Gehalt des Seelenlebens selber – Wahrnehmung, Fühlen, Begehren, Lust und Schmerz und das Hineinreichen der Sinnlichkeit (in Bildern und Tönen) bis in die reinsten Regionen des Denkens – widersetzt sich einer Entflechtung, ja macht ein von alledem »gereinigtes« Bewußtsein (»reinen Geist«) und damit jede körperlose Existenz der Seele *unvorstellbar*. Eine nicht vollziehbare Vorstellung aber taugt nicht einmal für eine Hypothese. Mit ihr fällt auch die so teure Idee von der unsterblichen Einzelseele dahin.

Aber ebenso unhaltbar – um vom Dualismus zum Monismus überzugehen – ist die einseitig materialistische Option, die das Seelen- und Geistesleben, das »Bewußtsein« als solches, zur machtlosen Begleiterscheinung anderweitig – nämlich rein physisch – determinierter Vorgänge in anderweitig – nämlich aus rein physischer Genese – vorhandenen Gehirnen macht. Dieser monistische »Epiphänomenalismus« leidet an noch tödlicheren Selbstwidersprüchen als das dualistische Jenseitsaufgebot und ist streng philosophisch widerlegbar.[3] Dennoch ist nach einer monistischen Lösung des Rätsels zu suchen, da nun einmal die Stimme der Subjektivität in Tier und Mensch aus den stummen Wirbeln des Stoffes emporgetaucht ist und weiter daran haftet. Es ist die Weltmaterie selbst, die innerlich werdend darin Sprache gewinnt. Ihre erstaunlichste Leistung darf ihr in einer Aufrechnung ihres Seins nicht vorenthalten werden. Was denn zu einer monistischen Lösung nötig scheint, ist eine ontologische Revidierung, eine Auffüllung des Begriffes der »Materie« über die äußeren Meßbarkeiten der Physik hinaus, die davon abstrahiert wurden – also eine Meta-Physik des Weltstoffes. Ich will versuchen, in vermutende und zum Bedenken vorgeschlagene Sätze zu fassen, was sich mir in jahrzehntelangem Grübeln aufgedrängt hat.

4. Was trägt das Datum der Subjektivität zum kosmologischen Befund bei?

Das Mindeste, was wir der sich aus dem Urknall entwickelnden Materie im Hinblick auf das schließlich und spät Hervortretende zusprechen müssen, ist eine ursprüngliche Begabung mit der *Möglichkeit* eventueller Innerlichkeit – noch lange nicht Begabung *mit* Innerlichkeit[4] und nicht einmal *für* Innerlichkeit im Sinn des schon Bereitseins dafür. Bloße Potentialität für etwas ist noch nicht ein positives Angelegtsein darauf hin, derart, daß es den Prozeß des Werdens dahin lenkt. Unser Minimalschluß vom Faktum des irgendwann und irgendwo Hervorgetretenseins der Innendimension an der Materie und von ihrem jetzigen, in uns aktuellen Vorhandensein ist lediglich der fast triviale, daß dies eben ihrer ursprünglich »geschaffenen« Beschaffenheit nach »möglich« war. Aber schon das besagt, daß sie mehr gewesen sein muß, als was die Physiker ihr in der Spekulation von den Anfängen zuschreiben und was sich daraus für die kosmische Entwicklung ableiten läßt. Zwei Fragen erheben sich hier: Wer (oder was) hat die Materie so »begabt«? und: Welchen Anteil hat die »Begabung« am Gang der Weltereignisse? Es ist die Frage nach einem anfänglichen, schöpferischen Willen und nach dessen weiterem Wirken.

Seien wir vorsichtig. Es könnte sein, daß die ersten Ursachen mit so etwas wie »Willen« überhaupt nichts zu tun hatten, weder mit seinem anfänglichen Dabeisein noch mit seinem später einmal Hervorbrechenkönnen, sondern daß bei der Gründung der Materie letztere Möglichkeit sozusagen unversehens oder gar unvermeidlich mit unterlief, etwa weil ohne sie einfach überhaupt keine Materie sein kann. Aber es ist schon eine besonders harte Zumutung an das Denken, daß das emphatisch Ungleichgültige, wie es die Subjektivität nun einmal ist, aus dem ganz und gar Gleichgültigen, Neutralen entsprungen sein soll, also auch dies Entspringen selber ein gänzlich neutraler Zufall war, für dessen Eintreten keinerlei begünstigende Präferenz bestand. Es liegt vernünftigerweise näher, eine solche Präferenz im Schoße der Materie anzunehmen – d. h. das Zeugnis subjektiven Lebens, das durch und durch Wille ist, dahin zu deuten, daß dem es Hervorbringenden, eben der Materie, so etwas wie Wille nicht gänzlich fremd sein kann. Also wäre ihr zwar kein Plan (das haben wir mit Gründen verworfen), aber doch wohl eine Tendenz, so etwas wie eine Sehnsucht danach, zuzuschreiben, welche die Gelegenheit eines Weltzufalles ergreift und diese dann weiter vorantreibt. Insofern käme »kosmogonischer Eros« der Wahrheit näher als »kosmogonischer Logos«, dessen immanente Vorgabe in der Urmaterie wir zurückweisen mußten. Auch dann ist noch das meiste dem Zufall überlassen, z. B. dem enorm unwahrscheinlichen und daher wohl enorm seltenen, daß ein Planet mit den besonderen Gunstbedingungen für Leben wie die Erde überhaupt in einem Weltprozeß vorkommt[5] – aber wenn er es ausnahmsweise tut, dann ist die Bereitschaft da und das Subjektsein erhält seine Chance, bei deren Ausbeutung dann mehr als neutraler Zufall im Spiele ist. Das Leben ist

Selbstzweck, d. h. aktiv sich wollender und verfolgender Zweck; und die Zweckhaftigkeit als solche, die dem gleichgültig Zwecklosen durch das eifrige Ja zu sich selbst so unendlich überlegen ist, kann sehr wohl ihrerseits als Zweck, als heimlich ersehntes Ziel des ganzen, sonst so leeren Weltunternehmens angesehen werden. Das hieße: Materie ist Subjektivität von Anfang an in der Latenz, selbst wenn Äonen und dazu noch seltenstes Glück für die Aktualisierung dieses Potentials nötig sind. Soviel an »Teleologie« läßt sich dem vitalen Zeugnis allein entnehmen.

Das Prinzip unseres Arguments bis hierher ist: Da Finalität – Zielstreben – in gewissen Naturwesen, nämlich lebenden, subjektiv-manifest auftritt und von da auch objektiv-kausal wirksam wird, kann sie der Natur, die eben solches hervorbrachte, nicht gänzlich fremd sein; sie muß selber »natürlich« sein, und zwar naturgemäß, naturbedingt und autonom naturerzeugt. Es folgt, daß Endursachen – damit aber auch Werte und Wertdifferenzen – in den Begriff der (eben nicht durchaus neutralen) Weltkausalität mit hineingenommen werden müssen: als mitgegebene Disposition dazu und zugleich als Offenheit der Duldung für ihr Intervenieren im Determinationsgefüge der Wirkursachen.[6] Soweit trägt der Vitalbefund für das Denken, das hier noch ganz im Immanenten verharren kann, denn noch niemand hat für die Deutung vormenschlichen Lebens (aristotelisch: das Reich der »vegetativen« und »animalischen Seele«) eine Transzendenz zu bemühen für nötig befunden. Die Innendimension als solche, vom dumpfsten Empfinden bis zu hellster Wahrnehmung und schärfster Lust und Pein, ist der allgemeinen Welt-substanz als eigene, wenn auch von besonderen Außen-bedingungen abhängige Leistung anzurechnen. Ob und wieweit diese teleologische Potenz schon beim Zu-standekommen jener Außenbedingungen, also bei der organischen und speziell zerebralen Evolution mit-wirkt, oder nur auf ihr heteronomes Eintreten warten kann, ist unwißbar, aber Vermutungen sind erlaubt. Schon eine »Sehnsucht« danach *könnte* kausal *tätig* sein und von den ersten, stofflich dargebotenen Chan-cen an zunehmend (also, mit der Akkumulierung dieser Chancen, exponentiell) auf ihre Erfüllung hinarbeiten. Ich glaube es, wie ich mit der Zulassung des Erosbegrif-fes bereits andeutete, aber wir wissen es nicht und können jedenfalls in keiner wissenschaftlichen Einzel-erklärung (die jedoch in Sachen der Evolution immer *post eventum* ist) kausal von einer derartigen General-annahme Gebrauch machen. Aber das phänomenolo-gische Lebenszeugnis spricht sein ontologisches Wort unabhängig davon, unüberhörbar für die Lehre vom kosmischen Sein, und es ist, wie gesagt, immer noch eine Stimme der Immanenz über sich selbst.

5. Die transzendierende Freiheit des Geistes

Aber die hier über die Natur der Dinge nachdenken und zu diesem Schluß (richtig oder falsch) kommen, sind wir, und so tritt, durch das Denken selber, zum vitalen noch das anthropische Zeugnis hinzu, und *damit* allerdings tut sich ein Horizont der Transzendenz auf. Sie zeigt sich in drei *Freiheiten* des Denkens, die über alles der Materie Zurechenbare (wozu wir noch die Innendimension als solche zählten), also über alle »Natur« hinausgehen: 1. Die Freiheit des Denkens zur Selbstbestimmung in der Wahl seiner jeweiligen Thematik: der Geist (soweit nicht die vitalen Diktate des Augenblicks das erste Wort haben) kann nachdenken, worüber er gerade will, im Ernst und im Spiel und bis zur Frivolität. 2. Die Freiheit zur *Abwandlung* des sinnlich Gegebenen in selbsterschaffenen inneren Bildern (vorzugsweise fürs innere Auge und Ohr): die Erfindungsfreiheit der Einbildungskraft also – im Dienste kognitiven oder ästhetischen Interesses, der Verehrung oder der Angst, der Liebe oder des Abscheus, des Nutzens oder auch des puren Vergnügens am Fabulieren usw. Und schließlich 3., von der symbolischen Flugkraft der Sprache getragen, die Freiheit zum *Überschritt* über alles je Gebbare und seine Dimension als solche hinaus: vom Dasein zum Wesen, vom Sinnlichen zum Übersinnlichen, vom Endlichen zum Unendlichen, vom Zeitlichen zum Ewigen, vom Bedingten zum Unbedingten. Schon die *Idee* des Unendlichen, Ewigen, Absoluten fassen zu können, wie schon der jugendliche, sich erst versuchende Geist vermag, zeigt diese transzendente Freiheit des Geistes an, die ein eigener Eros antreibt. Nur durch das sinnlich repräsentierende Medium der Sprache bleibt sie noch an die Sinnenwelt gebunden.

Alle drei Freiheiten sind einzigartige Prärogativen des Geistes, die das Transanimalische im Menschen bezeichnen.[7] Die erste emanzipiert von der Bindung an die aufgedrängte Themenstellung des Augenblicks, d.h. der durch Außenwelt und Eigenleib bestimmten *Situation*; die zweite von der Bindung an das gegebene Sosein der Dinge und die vorprogrammierte Verhaltensantwort darauf; die dritte – von der Bindung an das Sein des welthaft Vorhandenen überhaupt. Da nun die zweite, imaginative Freiheit auch *motorische* Bildkraft in sich schließt, als Umsetzung des innerlich Geschauten in Akte davon geleiteter Leibesbewegung (Herstellen, Tanzen, Singen, Sprechen, Schreiben!), so schließen alle diese Freiheiten auch die Freiheit selbstgesetzter Ziele für das Verhalten ein – also das Reich der praktischen Vernunft. Im Falle der dritten, transzendierenden Freiheit bedeutet das aber, daß der Mensch die gelockerte Bindung an das Vorhandene und an dessen Forderung durch freiwillige Bindung an gedachtes Unbedingtes jenseits davon und *dessen* Forderung ersetzen kann. Er kann seinem *Verhalten* transzendente Ziele setzen und tut es im Glauben, in der Hingabe an ein absolutes Ideal ... oder auch an ein Wahngebilde seines fehlbaren Wertverstehens, eines irrenden Eros.

Im Wertverstehen, wo das Erkennen übergeht in *Anerkennung* eines *Anspruchs* des Erkannten an mich (welche Anerkennung besagter Bindung des Willens an ein gedachtes Unbedingtes zugrundeliegt) – im Übertritt also vom Ist zum Soll, von der geschauten Qualität zum gehörten Gebot des Wertes – tritt zu aller vorigen noch die *moralische* Freiheit des Menschen hinzu. Sie ist von allen die transzendenteste und gefährlichste, denn sie ist auch die Freiheit des Sich-Versagens, der gewählten Taubheit, ja der Gegenoption bis zum radikal Bösen hin, das sich auch noch (wie wir gelernt haben) mit dem Schein des höchsten Gutes schmücken kann. Das Wissen *um* Gut und Böse, das Unterscheidungsvermögen dafür, ist auch die Fähigkeit *zum* Guten und Bösen. Es zeigt sich, daß der »Eros«, der bei jeder Güterwahl als *Antrieb* mit am Werke sein muß, als *Leiter* noch keine Gewähr bietet, daß er sein wahres Objekt erblickt und verfolgt – selbst noch und gerade dann, wenn er, wie beim Menschen, in hohem Grade *sehend* geworden ist. Und doch ist hier, wo die tiefsten Abgründe der Sicht- und Willensverkehrung gähnen, der Ort, wo auch die höchsten Gipfel von Heiligkeit des Willens und Weihung des Lebens an das gebietend Gute in den Himmel ragen und ihren überirdischen Glanz über das irdische Gewimmel werfen: Verklärungen des Zeitlichen durch Augenblicke der Ewigkeit.

Um die moralische Freiheit, den Ort dieser Möglichkeit, ganz zu begreifen, müssen wir noch einen Aspekt der intellektuellen Freiheit nachtragen, in dem die drei Freiheiten des Denkens zusammenwirken: seine Fähigkeit, sich auf sich selbst zurückzuwenden, sich und sein Subjekt, das »Selbst«, zum Thema zu machen – also die Freiheit der *Reflexion*. Wir haben Grund, auch diese Freiheit dem Menschen allein zuzusprechen, also dem

Geiste, noch nicht der fühlenden, begehrenden, sinnlich wahrnehmenden Seele. Nicht als ob Freiheit in *jeder* Form auf den Menschen allein beschränkt wäre. Ein Prinzip der Freiheit und aktuelle Modi derselben sind schon im organischen, stoffwechselnden Sein als solchem, d. h. in allem Lebendigen zu erkennen.[8] Und dies legt es nahe, auch die Dimension der Subjektivität, die an Organismen als Bedingung ihrer Möglichkeit gebunden scheint, über die zerebrale und auch nur neurale Fundierung hinaus und abwärts gehend, in Graden der Helligkeit und Dunkelheit durch das ganze Lebensreich ausgedehnt zu vermuten. Aber im Menschen wird all dies noch einmal in einem qualitativen Sprung überboten und die Freiheit zur Reflexion ist ein eminenter Modus dieser sozusagen »immanenten Transzendenz«. Was in der Reflexion »gesichtet« wird, ist ein schlechthin Unsichtbares: das Subjekt der Subjektivität selber, das »Selbst« der ihrerseits schon nicht phänomenalen Freiheit (Kant nannte sie ein »Noumenon«) – auf immer sich selbst rätselhaft, ungreifbar, unergründlich und doch immer präsent als Komplementärpol aller Werte, die zwar keineswegs »bloß subjektiv«, doch wesenhaft *für* ein antwortendes Subjekt sind.

Und nun – um zum Ethischen zu kommen – geschieht das eigentliche Wunder der Reflexion, daß dies wertende Selbst seinerseits ebenfalls zum Gegenstand von Bewertung und Wertwillen gemacht, nämlich dem Urteil des Gewissens unterworfen wird. Die Sorge um das Gute des die Verantwortung anrufenden Objekts – eines Nicht-Ich (seien es Personen oder Zustände) draußen in der Welt – begreift in sich auch die Sorge um das

Gute drinnen, das mögliche und geschuldete Gutsein der eigenen Person. Dies ist zwar nicht das *primär* Gewollte – das muß immer das Wohl des Gegenüber in der Welt sein –, aber es ist, geheim oder offen, mitgewollt und erst dieser Selbsteinschluß des Subjektes erhebt das bloß Moralische des weltlichen Verhaltens zur anspruchsvolleren Ethik der Person. Das erste Wollen nun, das auf Anderes gerichtete, kann sich mit Glück wohl im gegebenen Fall erfüllen; aber das reflexive Mitwollen, die Sorge des Selbst um sein eigenes Wie, muß immer unbefriedigt, ja vom Zweifel geplagt bleiben.

Und das ist so, weil und sofern sich diese Selbstsorge unter die Normen der als dritte aufgeführten Freiheit des Denkens stellt, der zum Überstieg ins Unendliche, Ewige und Unbedingte; *und* weil die Freiheit zum Guten zugleich die zum Bösen ist und dieses in tausend Masken *in* allem Wollen zum Guten mitlauert. Die Selbstunterstellung unter die transzendenten Maßstäbe macht die Sorge selber zu etwas Unendlichem und Unbedingtem: indem es ihr im Lichte der Ewigkeit *darum* geht und nicht mehr nur um das zeitliche und bedingte Gute des wechselnden, endlichen Objektes, setzt sie sich zugleich der endlosen Verschlagenheit des zu sich selbst emanzipierten Subjektes aus, der unaufhebbaren Zweideutigkeit alles freien Willens, die immer das Unreine, z. B. die höchst irdische Eitelkeit, dabei mit auf seine Kosten kommen läßt, zumindest den Verdacht davon nie loswerden kann. Die Reflexion als solche, die mit der Selbstsorge und Selbstprüfung ja zugleich Selbstbespiegelung ist, birgt diese Zweideutigkeit wesenhaft in sich[9]. So kommt es zu dem Ungeheuerlichen der großen, vermessen-zerknirschten Taucher in die Seelentiefen, die von Liebe zum höchsten Gut brennen und an Qualen der Selbsterforschung leiden, wovon uns die Weltliteratur in erschütternden Bekenntnissen Kunde gibt.

6. Was trägt das Datum des Geistes zum kosmologischen Befund bei? Argumente aus der abendländischen Metaphysik

Wir sind von der Kosmologie in die Lehre vom Menschen abgeschweift und fragen nun, was diese zu unserem eigentlichen Thema, dem kosmologischen, beizutragen hat – und damit vielleicht sogar zum kosmogonischen, d. h. zur Frage der Schöpfung. Sagt uns der anthropische Befund – unsere eigene Vorfindlichkeit und das darin Vorgefundene – etwas über die ersten Ursachen von Allem? Die Gegenwart des Menschen etwas über das ferne »Im Anfang ...«?

Da ist nun zuerst daran zu erinnern, was sowohl die Wortführer der reinen Innerlichkeit, die idealistischen Philosophen, als auch die der expurgierten Äußerlichkeit, die materialistischen Physiker, so leicht vergessen: an das scheinbare, aber gar nicht wirkliche »Paradox«, daß die Anwesenheit von Subjektivem selber eine *objektive Tatsache* in der Welt ist (nur der Solipsismus kann es leugnen), und daß somit auch der anthropische Befund in die Kosmologie gehört. Als ein kosmisches Datum muß er kosmologisch ausgewertet werden. Eine philosophische Anthropologie also ist integraler Teil jeder Ontologie, die den Namen verdient, oder sagen wir es gerade heraus: jeder Lehre von der wirklichen, nicht einer für die Zwecke der Naturwissenschaft expurgierten Natur.

Nun ist von früh an in gewissen Vermögen und Erfahrungen des Geistes, nämlich den vorhin mit dem Attribut »transzendent« belegten, ein Göttliches gesehen worden, nach dem kaptivierenden Grundsatz, daß Gleiches durch Gleiches erkannt wird. Der Geist, so argumentierten Plato und Aristoteles (und schon Pythagoras), der das Unwandelbare, Ewige, Göttliche zu erschauen oder auch nur zu berühren vermag, muß ihm schon ursprünglich artverwandt sein und gewinnt aktuell Teil am Sein des Erkannten, je mehr er es erkennt. Also ragt zwar nicht die ganze Seele, aber ihr höchster, erkennender Teil, die Vernunft, über alle, ins Werden und Vergehen eingetauchte, Natur hinaus, ist selber »ewig« und »göttlich«. Formal gleichartig, obwohl inhaltlich sehr verschieden, setzt die Bibel im Buch der Schöpfung (allerdings durch den Mund der Schlange) die Gottähnlichkeit des Menschen, also die vorher als Absicht des Schöpfers selbst bezeichnete »Ebenbildlichkeit«, in das Wissen von »Gut und Böse«. In beiden Fällen, dem hellenischen und dem hebräischen, wird ein Ähnlichkeitsschluß gezogen vom intentionalen Gegenstand auf das intendierende Denken selber und auf dessen Subjekt – die Seele oder den Geist. Aus dem Faktum unseres Denkens eines überzeitlich Wahren oder überzeitlich Gebietenden folgt ein entsprechend Überzeitliches in unserem Wesen. Logisch können wir uns den Schluß nicht zu eigen machen. Aber soviel an ihm bleibt zu bedenken: Als dem Pythagoras erschütternd die zeitlose Wahrheit seines Lehrsatzes aufging, als Israels Propheten zuerst die Unbedingtheit sittlicher Forderung als Gottes Wort vernahmen, und in ähnlichen Augenblicken anderer Kulturen, tat sich ein Horizont der Transzendenz in der Immanenz auf, der über sein direkt Gesagtes hinaus etwas über die Eigenschaft des Seins zu sagen hat, *in* dem die Öffnung sich ereignet – und dies Sein ist sowohl das des Vernehmens wie das des Vernommenen.

So läßt sich denn besagter Schluß auch umkehren: statt vom Gedachten auf das Denken vielmehr vom Denken auf das Gedachte, und so geschah es auch: zuerst in Anselms ontologischem Gottesbeweis, der aus dem *Begriff*, also dem Gedachtsein, des allervollkommensten Wesens dessen notwendige *Existenz* ableitet. Die logische Unhaltbarkeit dieses »Beweises« kann seit Kant als erwiesen gelten, aber auch von ihm bleibt eine, zwar nicht demonstrative, doch indikative Bedeutung erhalten für die Frage nach dem Sein, das einen solchen Begriff zum Bewußtsein bringen kann. Diese Richtung verfolgte Descartes in der *kausalen* Wendung, die er dem ontologischen Gottesbeweis gab: Nach dem Grundsatz, daß die Ursache mindestens soviel »Realität« in sich enthalten müsse wie die Wirkung, kann nicht der endliche und unvollkommene Menschengeist die Idee eines unendlichen und vollkommenen Wesens, die er nichtsdestoweniger in sich findet, aus sich selbst erzeugt haben. Also ist ihre Anwesenheit im Bewußtsein nur durch eine kommensurable Ursache außer dem Bewußtsein zu erklären, eben das unendliche Wesen selbst, dessen Existenz damit bewiesen ist. Das Ähnlichkeitsargument zugunsten des erkennenden Subjekts wird also durch das Argument vom zureichenden Grunde zugunsten des erkannten Objektes ersetzt. Logischer Prüfung hält auch dieser Gottesbeweis nicht stand, denn intentionaler Gegenstand *(realitas objectiva)* einer Idee und

Existenzgehalt *(realitas formalis)* einer Sache – überhaupt Bewußtsein und Ding – können in gar keinen quantitativen Vergleich treten; kein gemeinsamer Nenner der Meßbarkeit, wie er alle Größen der Außenwelt vereint, eignet dem kausalen Verkehr zwischen Außen und Innen (unleugbar wie ein solcher ist). Dennoch bleibt auch von diesem gescheiterten Versuch etwas übrig: die Verbindung des inneren Transzendenzbefundes mit der Frage nach den ersten *Ursachen*. Hier setzen wir an.

7. Vermutungscharakter der weiteren Überlegungen

Das Dasein von Innerlichkeit in der Welt, so sagten wir, und damit auch die anthropische Evidenz von Vernunft, Freiheit und Transzendenz sind kosmische Daten. Als solche gehören sie mit zu den generisch obligaten Elementen einer Kosmologie. Ihr Zeugnis sagt: Das Universum ist von der Art, daß dergleichen in ihm möglich, vielleicht sogar *aus* ihm notwendig ist. Lehrt uns das auch etwas über seine ersten Ursachen, über die Schöpfung? Mit dieser Frage gehen wir endgültig vom kosmologischen Befund zu kosmogonischer *Vermutung* über. Der Vermutungscharakter ist, glaube ich, unaufhebbar. Alles, was ich von hier an zu sagen habe, ist tastender Versuch und mit höchster Wahrscheinlichkeit ein irrender. Aber unternommen werden muß er von Zeit zu Zeit, denn die unerhörte Frage, zu der der Menschengeist sich hier versteigt, läßt ihm keine Ruhe. Wissen geht dabei unvermeidlich in Glauben über: Er bemüht sich, Vernunftglaube und nicht Offenbarungsglaube zu sein, obwohl die Stimmen der großen Religionen mit ins anzuhörende Zeugnis gehören. Verzichtend auf die hier verwehrte Beweisbarkeit, macht sich der unverwehrbar wieder einmal unternommene Anlauf zu einer Antwort auf die Frage aller Fragen doch auf seinem Weg zu eigen, was an versteckt Gültigem in den alten und stets gescheiterten Versuchen zu einer beweisbaren »theologia naturalis« enthalten war. Klänge aus dem kosmologischen, dem teleologischen und dem ontologischen Gottesbeweis, nicht mehr klar voneinander geschieden, werden dem kundigen Ohr nicht entgehen. Mir soll es genug sein, wenn ich dem so oft wiederholten Scheitern ein abermaliges, doch auf seine Art vielleicht lehrreiches angefügt habe. Wagen wir also unseren Versuch in der nicht enden wollenden Reihe.

Wiederholt kam in unseren Ausführungen ein Argument dieser Form vor: Da Leben mit Innerlichkeit, Interesse und Zweckwollen aus dem Weltstoff hervorgegangen ist, kann diesem in seinem Wesen dergleichen nicht gänzlich fremd sein; und wenn seinem Wesen nicht, dann (hier wird das Argument kosmogonisch) auch seinem Anfang nicht: Schon der im Urknall sich bildenden Materie muß die Möglichkeit zu Subjektivität beigewohnt haben – Innendimension in Latenz, die auf ihre kosmisch-äußere Gelegenheit zum Manifestwerden wartete. Weitere Vermutungen über dies »Warten« als ein »Sehnen«, das bei der Entwicklung der physischen Bedingungen zu seiner Erfüllung mitwirkt, eine geheime Teleologie also in der kolossalen Prädominanz mechanischen Zufalls bei der kosmischen Vorgeschichte des Lebens, ja selbst die kosmogonische Vermutung eines so gerichteten »Willens«-Momentes schon im ersten Ursprung selbst: Vermutungen dieser Art, so fanden wir, führen nicht über die Grenzen einer immanenten Philosophie der Natur hinaus. Keine »sehende« Intelligenz am Anfang, kein ewiges Vorsehen des schließlich Gezeitigten braucht angenommen zu werden; bewußtlose Tendenz genügt dem vitalen Befund. Selbst Panpsychismus, zu dem dieser Befund dem Denken Anhalt bietet, ist noch nicht Theologie. Kurz, das Zeugnis des Lebens, unermeßlich bedeutend für die Ontologie, ist immer noch eine Stimme der Immanenz über sich selbst.

8. Die Frage nach der ersten Ursache von Geist: Kann sie weniger als Geist gewesen sein?

Gilt dies auch noch für das Zeugnis des Geistes, also den anthropischen Befund, der doch ein Teil, wenn auch ein winziger, des kosmischen Befundes ist? In diese Frage nun schlägt etwas von Descartes' Gedanken einer Ebenbürtigkeit der Ursache mit ihrer Wirkung ein, gelöst vom logischen Unsinn seiner quantitativen Fassung. Qualitativ dürfen wir fragen: Kann etwas, das weniger als Geist ist, die Ursache des Geistes sein? Und wir meinen: »erste« Ursache – die Ursache im Schoß aller Dinge. Was sekundäre Ursachen betrifft, so ist nicht zu leugnen, daß Geist aus Nichtgeistigem hervorgehen kann und es faktisch tut, wie wir es in der menschlichen Ontogenese sozusagen täglich vor Augen haben (und darüber hinaus für die Phylogenese postulieren): Im Embryo bildet sich das Gehirn, der künftige physische Träger eines Geistes, unter der alleinigen physiko-chemischen Direktion des Genoms, einer puren Stoffanordnung im Keime, die gänzlich unwissend die »Information« für den Werdeprozeß enthält und ebenso unwissend ihr Werk tut: Es geht ganz ohne Geist dabei zu.[10] Niemand natürlich hält dieses stofflich vorgegebene Informations- und Programmierungsdeponat für die erste Ursache. Aber wenn man fragt: Wer oder was hat die Anleitung so verschlüsselt dort niedergelegt, so kommt man an die wieder rein physische, ebenfalls total unwissende Weitergabe des materiellen Musters in der Erbbahn, und weiter zurück zum allmählichen, blinden (nur durch die Überlebensauslese gesteuerten) Aufbau des phylogenetischen Musters selbst durch Zufallsmutationen aus informationsärmeren, im ontogenetischen Ergebnis geistferneren Mustern, über unzählige Zwischenergebnisse des genetischen Würfelspiels, von Eukarioten zu Prokarioten bis hinab zum ersten Auftreten selbstreplikativer Molekülverbindungen, dem ersten Minimum an Information, und von da hinab in die anorganische, universale, sogenannt neutrale Weltnatur – zu einem anfänglichen Null an Information. Also führt die zeitliche Ursachenreihe nicht näher und näher zum Geiste hin, sondern weiter und weiter von ihm weg.

Und doch ist es Geist, unserer in diesem Augenblick, der den Weg in die Ursachen zurückgegangen ist und, gehorsam seinem Wahrheitswillen, zu eben dieser befremdlichen Einsicht genötigt wurde – *und* der zugleich aus gleichartiger Erkenntnis, der von Tatsachen, darum weiß, daß er dieser selben universalen Materie, dem bißchen davon, das gerade in seinem Gehirn versammelt und organisiert ist, doch verdankt, daß er da ist und denken kann: und so muß er jenem Geistfremden zu all den Eigenschaften, die ihn die Physik davon lehrt, noch die Begabung mit der Möglichkeit des Geistes, mit seiner – wie immer an besondere Bedingungen geknüpften – *Ermöglichung* zuerkennen. Des Geistes, sage ich, und das ist mehr als des Lebens und der Subjektivität. Denn wenn wir jetzt mit wohl erlaubter Metapher sagen, daß die Materie von Anbeginn schlafender Geist sei, so müssen wir sofort hinzufügen, daß die wirklich erste, die schöpferische Ursache von schlafendem Geist nur wacher Geist sein kann, von potentiellem Geist nur aktueller – anders als bei Leben und Subjektivität als solchen, die ihrer graduellen Natur nach wohl schlafend, unbewußt beginnen können und noch kein Bewußtsein in der ersten Ursache, im Akt der Stoffgeburt verlangen. So führt uns denn das anthropische Zeugnis als Teil des kosmischen Befundes – die Selbsterfahrung also des Geistes und zumal seines denkenden Ausgreifens ins Transzendente – zum Postulat eines Geisthaften, Denkenden, Transzendenten, Überzeitlichen am Ursprung der Dinge: als erste Ursache, wenn es nur eine gibt; als Mitursache, wenn es mehr als eine gibt.

Ich weiß, daß dies kein Beweis ist und niemanden zur Zustimmung zwingt, aber es scheint mir die einleuchtendste der hier der Vernunft erlaubten Vermutungen und um des Fortgangs willen bitte ich meine Leser, sie probeweise einmal als Hypothese mitzumachen. Denn dann ergeben sich immerhin bestimmte, deutliche Fragen, die sich deutlich, in der Helligkeit rationalen Argumentes, erörtern lassen. Meine Erörterung wird in der Hauptsache eine Abwägung der verschiedenen großen Antworten aus der Denkgeschichte sein, deren Ignorierung töricht wäre, vermehrt um einen Vorschlag von mir selbst, der einem späteren und bittereren Wissen gerecht zu werden sucht. Mögen meine Kollegen von der analytischen Philosophie mir diese seit Kant untersagte und von ihnen besonders verpönte Ausschweifung in die Metaphysik verzeihen.

9. Der Einwand des Anthropomorphismus

Zuerst – da wir das anthropische Zeugnis aufbieten – ein Wort über den alten Einwand des »Anthropomorphismus«; verbunden damit ist der Vorwurf der menschlichen Eitelkeit. Schaffen wir uns nicht eine Gottheit nach unserem Bilde (obzwar nicht dem leiblichen), wenn wir von göttlichem Denken, Wollen und Urteilen sprechen? Aber wovon sollen wir denn extrapolieren? Von Rindern und Eulen, Schlangen und Affen? All das ist bekanntlich getan worden, aber da ist der Gott Israels, der seine Menschenähnlichkeit bekennt, indem er sagt, er wolle den Menschen nach seinem Bilde schaffen, doch eine überlegene Konzeption. Selbstverständlich vom Höchsten, das sich im Sein zeigt, müssen wir ausgehen, um uns einen Begriff vom Göttlichen zu bilden, und der Geist in uns *ist* das Höchste, was uns im Universum bekannt ist. Kein Verdacht der Selbstparteilichkeit kann daran etwas ändern. Soll Ihm fehlen, was wir haben? In diesem Sinne des Schließens von uns ist ein Anthropomorphismus im Gottesdenken ebenso legitim wie unaufhebbar. Natürlich muß er um seine Inadäquatheit wissen, wie Thomas von Aquin mit der *analogia entis* und dem *modo eminentiae* einschärft. Was aber den Vorwurf der Eitelkeit betrifft, der anthropozentrischen Überheblichkeit, so könnte die in der Tat etwas ruhmredige Formel von der »Krone der Schöpfung« ihm wohl recht geben. Aber sich so verstehend zerstört der Stolz auf die »Würde des Menschen« gerade das, worauf er pocht. Nur als unge-

heure Bürde sich verstehend, als Gebot, der Ebenbildlichkeit nachzukommen, kann die Würde sich beweisen. Und da ist meistenteils Scham viel eher als Stolz am
Platze beim Anblick des menschlichen Schauspiels,
denn Verrat am Ebenbild überwiegt die Treue zu ihm
unermeßlich. Dankbar müssen wir sein für die seltenen
Bestätigungen, die immer wieder, und manchmal gerade im tiefsten Dunkel, aufleuchten, denn ohne sie
müßten wir vor der weltgeschichtlichen Prozession der
Widerlegungen, diesem Gemisch aus Greueln und
Stumpfheit, wohl am Sinn des menschlichen Abenteuers verzweifeln. Das Beispiel der Gerechten rettet uns
davor, ja rettet es selbst immer wieder. Aber zum Sich-
Rühmen hat die Gattung, weiß Gott, nicht Grund. Soviel zum Thema des Anthropomorphismus, einer theo-
logischen Frage.

10. Bloße Verträglichkeit von Stoff und Geist: Descartes' Dualismus und sein Versagen vor dem Phänomen der Evolution

Die kosmologische Frage ist, wie das Begabtsein der Urmaterie mit der Möglichkeit des Geistes zu verstehen ist. Der Minimalsinn davon ist der, daß die Materie das Erscheinen und dann auch Wirken des Geistes in ihrer Mitte *zuläßt* – ihm also zu seiner Zeit, oder wenn es mit ihr soweit ist, stattgibt. Soviel ist aus dem puren *Faktum* jenes Erscheinens bewiesen, nach dem fast tautologischen Schluß, daß was wirklich wurde, eben möglich gewesen sein muß. In die Schöpfungssprache übersetzt, heißt das, daß die geistige Ursache oder Miturursache am Anfang eine universale Materie mit solchen Eigenschaften und Gesetzen schuf, daß sie für ein Mitdasein von Geist Raum ließen. Es wäre die an sich nur negative Eigenschaft des Nichtverwehrens, der baren Kompatibilität. (Sie ist nicht selbstverständlich, wie die lange geglaubte Lehre eines lückenlosen stofflichen Determinismus verrät.) In dem Fall mußte der Schöpfergeist dann mindestens noch einmal ursächlich tätig werden: wenn und als der von ihm vorsorglich ausgesparte Raum der Möglichkeit sich in der Geschichte der Materie irgendwo einmal – es geschah hier auf Erden – für tatsächliche Besetzung auftat. Ursache der Öffnung konnte der Weltstoff selber sein; Ursache ihrer Besetzung durch endliche Geister aber nur der Geist von außen. Ein solcher Hergang der Sache stünde in Einklang mit dem kartesianischen Dualismus zweier einander fremder Substanzen, der Materie, die nichts als Ausdehnung, und des Geistes, der nichts als Denken ist. Wäre der Mensch plötzlich und fertig – einerlei wann – in der Welt erschienen, so könnte sich ein solches einmalig-übermächtiges Eingreifen des Schöpfers, mit dem er seine ursprüngliche Schöpfung im richtigen Augenblick ergänzt, als Erklärung des heterogen Neuen immerhin hören lassen. Der »richtige Augenblick« wäre das aus mechanischen Ursachen glücklich zustande gekommene Dasein der menschlichen Leibesmaschine gewesen. Aber wir sind nicht plötzlich entstanden. Der Evolutionsbefund belehrt uns, daß der Mensch durch eine lange Vorgeschichte tierseelischer Annäherungen an den Geist zu sich kam; und der präsente Befund des denkenden Geistes selber lehrt uns, daß er vom Sinnlich-Seelischen wie Wahrnehmen, Fühlen, Begehren, Lust und Leid – all dies leibverbunden – gar nicht zu trennen ist. Wenn aber die Menschwerdung und damit die Geistwerdung sich durch biologische Zeiten und Stufen erstreckt, dann müßte gemäß der Minimalhypothese auch das göttliche Eingreifen es tun. Dies wäre demnach – sowohl dem Evolutions- wie dem Introspektionserweis nach – kein einmaliges, sondern ein stetes gewesen, mit einem Wort: göttliches Weltregiment. Dafür nun hatte Descartes, dem es um die Gründung einer exakten Naturwissenschaft auf die Gesetze der *res extensa* und ihre Notwendigkeit allein ging, durchaus keinen Platz und er wußte wohl, was er tat, als er die Tiere für fühllose Automaten erklärte, ihnen also jede Seele absprach: Mit dem einmaligen Wunder der Inkarnation des Geistes im Menschen, als einziger Ausnahme von der Naturregel, kann sich die materialistisch-immanente Naturwissenschaft allenfalls abfinden, aber nicht mit dem durch die Seinsgeschichte immer wiederholten Wunder als Erklärungsprinzip. Doch gewonnen hatte Descartes mit seinem rettenden Gewaltstreich nichts: Die freche Automatenfiktion zerschellt am schlichtesten Umgang mit Tieren, die Fiktion von der abrupten Geist-Epiphanie im Menschen am Tatbestand der sie anbahnenden Evolution. So bleibt denn der Hypothese einer bloß geistkompatiblen Materie – der Minimalannahme für die Schöpfung – in der Tat zur Erklärung des Geistfaktums nur die erwähnte Alternative, die ergänzende Annahme eines göttlichen Weltregiments, einer immer von Neuem im Weltlauf intervenierenden *providentia generalis* und *specialis* – und diese Annahme müssen wir zurückweisen, sowohl weil sie methodisch als Erklärungsprinzip nichts taugt, ja die Idee des Erklärens selber zerstört, als auch weil zuviel in unserem Natur- und Geschichtswissen, also theoretisch und moralisch, ihr geradewegs zuwiderläuft. Davon später mehr. Also muß der erste Grund, statt das Schicksal des Geistes unter seine Dauervormundschaft zu stellen, der in die Zeit entlassenen Urmaterie doch mehr als bare, neutrale Kompatibilität mit dem Geiste, bloße Duldung seiner Koexistenz, mitgegeben haben; ein intimeres Verhältnis von Außen und Innen, als jener Dualismus ansetzt, muß sowieso angenommen werden.

11. Totale Deckung von Stoff und Geist: Der psychophysische Parallelismus Spinozas und sein Versagen vor der kosmischen Seltenheit des Geistes

Diesen Weg schlug der große Berichtiger Descartes',
Spinoza, mit seinem psychophysischen Parallelismus
ein und ging darin gleich zum anderen Extrem. Alles
Sein ist seinem Wesen nach und von je beides zugleich:
Ausdehnung und Denken, Materie und Geist, Natur
und Idee von sich selbst – beide sind nur die zwei Seiten
ein und derselben Münze, der ewigen, absoluten Substanz, die sich in beiden gleicherweise ausdrückt: Jedem Außen korrespondiert ein zugehöriges Innen, sie
zusammen (plus den uns unbekannten Attributen) sind
die Weisen, in denen die unendliche Gottheit von Ewigkeit existiert. Daß dies in einer Folge von Zuständen
stattfindet, liegt nur daran, daß die göttliche Fülle als
unendliche sich in endlichen Modi nicht auf einmal darstellen kann, aber jeder solche modale Gesamtzustand
in jedem Jetzt repräsentiert die göttliche Vollkommenheit, darin jedem anderen – vorhergehenden oder nach-
folgenden – gleich.

Auch diese großartige Konzeption hält dem Urteil unserer Erfahrung nicht stand. Da gibt es keinen Anfang
und kein Ende, kein Gelingen und Mißlingen, kein Bes-
ser und Schlechter, erst recht kein Gut und Böse: Was so
aussieht, ist es nur vom Standpunkt des Partikularen;
das Ganze – das psychophysische All – ist immer im
Zustand der Vollkommenheit. Zufall hat darin keinen

Platz und Freiheit ist eine Illusion. Der Geist ist so determiniert wie die Körpernatur, deren genaues Äquivalent er in jedem Augenblick ist. In beiden waltet dieselbe und eine Notwendigkeit der ewigen göttlichen Natur, die keinem ihrer Attribute den Vorzug geben kann. So ist auch die Zeit nicht ein Feld für wirkliche Entscheidungen, sondern nur das Medium für die unaufhaltsame, alternativlose und endlose Entfaltung jener ewigen Notwendigkeit, ihre letztlich zeitlose Selbstdarstellung. Auch von einem Werden des Geistes, außer im individuellen Einzelfall, kann in diesem All keine Rede sein: Er war immer schon – und das heißt, von Ewigkeit her – mit dem äußeren Stoff der Welt, dem im Raum Ausgedehnten, als gleich-ursprüngliches Komplement desselben mit dabei – ewiges Sich-Selbst-Denken der unendlichen Substanz.

An diesem Punkt allein – dem der Ewigkeit der Welt und des aktuellen Geistes in ihr – scheitert für das seit Spinoza erworbene Wissen die ganze Vision. Alle anderen Unannehmbarkeiten, gegen die sich unsere Intuition wehrt, können dabei auf sich beruhen bleiben. Erwähnt sei von ihnen immerhin der theologische Einwand, daß ein rein immanenter Pantheismus und Panpsychismus, also ohne ein transzendentes Kriterium des Guten, ebensosehr auch ein Pandämonismus, ja Pandiabolismus sein kann. Uns genügt hier der bescheidenere, aber wohlfundierte Einwand, daß der im Mittelalter von der Warte des Schöpfungsglaubens so lange mit dem Aristotelismus geführte Kampf um Ewigkeit oder zeitlichen Anfang der Welt inzwischen mit besserem empirischen Grund, als noch Kant in den Antinomien der reinen Vernunft der Erfahrung zutrauen konnte, zugunsten eines Anfanges in der Zeit entschieden scheint, also zugunsten jenes Glaubens, von dem Spinoza sich so angestrengt losgesagt hatte. Hinzufügen muß man, daß dasselbe moderne Naturwissen den biblischen Glauben an eine zugleich erschaffene ebenso wie den aristotelischen an eine seit je bestehende Mannigfaltigkeit fertiger und separater Arten widerlegt hat. Und dies fügt unserem kosmologischen Einwand ein zweites ebenso schwerwiegendes Element hinzu: Sicherer noch als vom Urknall wissen wir vom späten, prekären, kosmisch ganz vereinzelten Werden des Geistes aus einem allmählichen, gewundenen Werden des Lebens – seinerseits schon eine lokale Ausnahme in einem raumzeitlich riesigen Universum des Stoffes und der Leere ohne Leben und Geist. Beide kosmologischen Erkenntnisse – die vom Weltanfang und die von der Späte und Seltenheit des Geistes im All – müssen wir in die kosmogonische Frage einbringen.

12. Neustellung der kosmogonischen Frage gemäß dem berichtigten kosmologischen Befund

Wir müssen also von der Schaffung (bzw. »Entstehung«) einer noch geistlosen, aber mit der Möglichkeit des Geistes begabten Urmaterie ausgehen; und diese »Möglichkeit«, so sagten wir, muß mehr als bloßes Stattgeben, leere Kompatibilität sein, die ein weiteres, fortlaufendes Eingreifen der geistspendenden, jenseitigen Ursache erfordern würde. Wenn wir ferner an der intuitiven These festhalten, daß die erste, schöpferische Ursache von Geist selber Geist sein muß, der sich aber eines späteren Eingreifens in den Weltlauf enthält, so lautet die Frage jetzt, in welcher Weise er die Sache des Geistes dem anfänglich geistlosen Weltstoff anvertraut hat. In einem anfänglichen Geiste nun könnte ein kosmogonischer Logos wohl anwesend gewesen sein – ein Plan, der eben einen Planer, ein Programm, das einen Programmierer erfordert; aber wir fanden gleich zu Beginn dieser Untersuchung, daß er einen solchen Logos nicht als »Information« in die Urmaterie einkörpern konnte, da dem Chaos jede dazu nötige Stabilität und Artikulation als Träger einer solchen Information fehlt. Ein kosmogonischer »Eros«, unsehend dahin ausgerichtet, war das Äußerste, was wir als ursprüngliche Mitgabe an die Materie für die positive (mehr als nur erlaubende) Möglichkeit des Geistes zugestehen konnten. Alles andere mußte der inneren Dynamik jener Materie überlassen bleiben. Was, abgesehen von der naturwissenschaftlich gefundenen und noch findbaren mechanischen, zielneutralen Kausalität, konnte diese Dynamik sein, so daß auf ihre planlose Weise der Plan des Weltlogos doch zur Ausführung kam? Bedenken wir, daß die Sache mit dem ganz Anderen, dem äußersten Gegenpol sozusagen, des Geistes begann.

13. Weltbeginn als Selbstentfremdung des Urgeistes: Wahres und Unwahres in Hegels Dialektik

Da erinnern wir uns der einen Lehre, die ebenfalls das Weltgeschehen mit der äußersten Selbstentfremdung des Geistes beginnen läßt und gerade dieser Antithetik das Bewegungsgesetz des weiteren Geschehens, das Werdeprinzip des sich wiedergewinnenden Geistes in der Welt abgewinnt: Hegels universale Dialektik, die über immer wiederholte These, Antithese und Synthese notwendig, mächtig, mit unbeirrbarer List der Vernunft fortschreitend, zuletzt im Reiche der zu sich gekommenen Vernunft und Freiheit gipfelt. Der erste Schritt in diesem angeblichen Prozeß, der stiftende Urakt des Weltdramas, ist genau das, wozu wir uns in unserem kosmogonischen Vermuten mehr und mehr gedrängt sehen: die extreme Selbstentäußerung des Schöpfergeistes im Anfang der Dinge. Die Fortsetzung jedoch – Hegels majestätische Entwicklung allen Werdens Schritt für dialektischen Schritt auf uns hin und durch uns hindurch zur Vollendung, überhaupt die ganze erbauliche Idee einer intelligiblen Gesetzlichkeit *eines* Gesamtprozesses, der von vornherein seines Erfolges versichert ist, müssen wir ernüchterteren Zuschauer des großen und des kleinen Welttheaters – der Natur und der Geschichte – verneinen. Zu erdrückend ist die Gegenevidenz.

Schon die äußerlichste, die der schieren Größenordnungen, ist beredt genug. Hegel wußte noch wenig von der Riesigkeit des Alls in Raum und Zeit und folglich von der Winzigkeit des menschlichen Platzes darin, den er fast noch in vorkopernikanischen Maßen sah. Die schon Pascal erschreckende, aber noch vage und abstrakte »Unendlichkeit jener Räume, die mich nicht kennen« ist seitdem durch das ungeheuerlichste Anschwellen meßbarer Entfernungen und Massenwerte des uns davon Sichtbaren erst für die Anschauung konkret und damit um so überwältigender geworden, begleitet vom ähnlichen Anschwellen meßbarer Vergangenheit – irdischer vor dem Menschen, kosmischer vor dem Leben. Das (allein uns bekannte) schließliche, allerjüngste, örtlich infinitesimale Erscheinen des Geistes darin – in uns – ist mehr einem verlorenen Aufflackern in allgemeinster Nacht zu vergleichen; und wenn der Geist das Ziel der Riesenveranstaltung war, ist man beim quantitativen Mißverhältnis zum Erzielten (soweit uns bekannt) eher versucht, vom großen Aufwand, der kläglich ward vertan, zu sprechen, freundlicher vielleicht auch von einem Glücksfall im Zusammentreffen der Umstände, einem Spiel des kosmischen Zufalls – eher von dergleichen, als vom majestätischen Gang der Vernunft durch die Welt. Von dem kann einfach nicht die Rede sein.

Wem aber dieser Einwand zu äußerlich-quantitativ erscheint (obwohl hier ein Fall ist, wo gerade Hegels Formel vom Umschlagen der Quantität in Qualität mit Recht angerufen werden könnte), der stelle sich gefälligst dem höchst qualitativen Zeugnis unser selbst, der Bilanz menschlicher Geschichte, zur Sache des Siegeszuges des Geistes durch die Welt. In uns – bitte! – sei der

Weltgeist unbeirrbar dabei, oder gar schon angelangt, zur endgültigen Form seiner Wahrheit zu kommen, seine Urbestimmung mit weiser Notwendigkeit zu vollenden? Wir sind, willig oder unwillig, wissend oder unwissend, doch immer unfehlbar, seine erwählten Vollstrecker? Da muß ich doch bitten! Die Schmach von Auschwitz ist keiner allmächtigen Vorsehung und keiner dialektisch-weisen Notwendigkeit anzulasten, etwa als antithetisch-synthetisch erforderter und förderlicher Schritt zum Heil. *Wir* Menschen haben das der Gottheit angetan als versagende Walter ihrer Sache, auf uns bleibt es sitzen, wir müssen die Schmach wieder von unserem entstellten Gesicht, ja vom Antlitz Gottes, hinwegwaschen. Man komme mir hier nicht mit der List der Vernunft.

14. Die Schwäche jeder Erfolgsmetaphysik: Verkennung des göttlichen Wagnisses in der Schöpfung

Es ist also, kurz und bündig gesagt, auch nichts mit dieser einzigen, genialen Alternative zu aristotelischer Teleologie, Hegels Dialektik; noch weniger natürlich mit den kleineren Nachfolgern, wie Teilhard de Chardins Lehre von der zunehmenden Vergeistigung des Alls auf ein panmentales Omega hin. Der gemeinsame substantielle (nicht etwa erkenntnistheoretisch-formale) Einwand gegen all diese Erdichtungen der spekulativen Vernunft ist der, daß sie uns selbstgarantierte *success stories* vom Sein erzählen, die nicht fehlgehen können. Und eine solche Erfolgsgeschichte, Apotheose dessen was ist, scheint mir jede der großen Metaphysiken zu sein, von denen ich aus der Denkgeschichte weiß: sei es im Sinne statisch-permanenter Vollkommenheit, wie Spinozas *deus sive natura*, oder der Weltlogos der Stoiker, oder das vom unbewegten Beweger ewig teleologisch bewegte Universum des Aristoteles; sei es im Sinne eschatologisch-perfektibilistischer Dynamik, wie eben Hegels – der sich mit diesem dynamischen Aspekt, der Option für das Werden, immerhin als der moderne unter den Metaphysikern erweist, ähnlich anderen Prozeßdenkern der Neuzeit, wie Leibniz und Whitehead. All diesen hochherzig-optimistischen Konstruktionen schlägt der kosmologische wie der anthropologische Befund, dem wir uns nicht verschließen dürfen, ins Gesicht. Also muß eine Metaphysik, die der Verführung des »siehe, es ist gut« widersteht und doch das Zeugnis des Lebens und des Geistes für die Natur des Seins nicht mißachtet, Raum lassen für das Blinde, Planlose, Zufällige, Unberechenbare, äußerst Riskante des Weltabenteuers, kurz für das gewaltige *Wagnis*, das der erste Grund, wenn denn der Geist dabei war, mit der Schöpfung einging. Da setzte vor Jahren mein kosmogonischer Versuch ein, der sich nicht zufällig mit dem Namen »Auschwitz« verband (denn das war für mich auch ein theologisches Ereignis).[11] Erdichtung ist er nicht weniger als alle, die ich verwerfen mußte, aber vielleicht doch eine, die dem Weltbefund, wie wir ihn jetzt sehen können und müssen, ein wenig gerechter wird. Darüber nun einige Worte.

15. Alternative kosmogonische Vermutung: Machtverzicht Gottes zugunsten kosmischer Autonomie und ihrer Chancen

a) Als erstes sagen wir, daß die Selbstentäußerung des Geistes im Anfang ernster war, als der hochgemute Prophet der Vernunft sie wahrhaben wollte. Gänzlich überließ er sich und sein Schicksal dem Treiben des ins Außen Explodierenden und damit den bloßen Chancen der darin beschlossenen *Möglichkeiten* unter den Bedingungen von Raum und Zeit. Warum er das tat, ist unwißbar; eine erlaubte Vermutung ist, daß es geschah, weil nur im endlosen Spiel des Endlichen, in der Unerschöpflichkeit des Zufalls, in den Überraschungen des Ungeplanten *und* in der Bedrängnis durch die Sterblichkeit, der Geist sich selbst im Mannigfaltigen seiner Möglichkeiten erfahren kann, und daß die Gottheit dies wollte. Dafür mußte sie dann auf die eigene Macht verzichten. Wie dem auch sei, von da an ging es nur noch immanent zu, ohne weitere Einmischung der Transzendenz, und das Geschaffene hatte gar nicht die Kraft, Antithesen aus sich selbst hervorzubringen, sondern mußte seine lange Bahn durch Raum und Zeit antreten, gebunden an die allmählichen, kumulativen Transformationen, die das sich herausbildende und konsolidierende Naturgesetz, der äußere Zufall unter diesem und die eigene innere Mitgift ihm erlaubten.

b) In dieser Sicht nun kehrt sich, zweitens, das quantitativ erdrückende Argument gegen die Wichtigkeit des Geists (also unser selbst) – das Argument aus dem Größenverhältnis zwischen der Riesigkeit eines toten Universums und der Winzigkeit von Leben und Geist in ihm – eher in eine Erklärung um: Nur ein raumzeitlich riesiges Universum bot nach dem Walten bloßer Wahrscheinlichkeiten, ohne Einmischung göttlicher Macht, überhaupt eine Chance für das irgendwann und -wo passierende Hervortreten des Geistes; und wenn dies und die Selbsterprobung des Geistes in der Endlichkeit die Absicht des Schöpfers waren, so mußte er eben ein riesiges Universum schaffen und dem Endlichen darin seinen eigenen Lauf lassen.

c) Da nun der Geist sich nur aus dem organischen Leben erheben und von ihm getragen existieren kann, so müssen wir, drittens, jetzt unsere frühere Aussage berichtigen, daß das Fühlen der tierischen Seele noch ganz stoffimmanent, das Denken des Geistes aber nur transzendent, mit Geist als seiner ersten, schöpferischen Ursache, zu erklären sei. Ganz so heterogen können sie doch nicht sein. Eines haben dumpfstes Fühlen und hellstes Denken gemein: die Subjektivität, und so ist schon das Auftreten der Innerlichkeit als solcher und ihre ganze tierische Entwicklung als Anbahnung des Geistes anzusehen. Also mußte der schöpferische Urgrund, wenn er den Geist wollte, auch das Leben wollen, wie es in dem schönen Gottesprädikat heißt, das wir Juden so oft im Gebet rezitieren: *rozeh bachajim*, der das Leben will – nicht nur »der lebendige Gott«, sondern auch »der das Leben wollende Gott« – das Leben sowohl um seiner selbst willen als auch, durch die Seele, als Wiege des Geistes. So dürfen wir in gewissem Grade von der Heiligkeit des Lebens sprechen, wiewohl es wüst dabei zugehen kann – wie ebenfalls beim Geiste.

d) Und damit kommen wir, viertens, zu uns, den einzigen uns bekannten Trägern des Geistes, d. h. denkenden Erkennens und folglich willensfreien Handelns in der Welt – eines Handelns, das im Lichte des Erkennens immer mächtiger wird. Und da ergibt sich denn aus unserer kosmogonischen Hypothese, die sich uns vom kosmologischen Befund her aufdrängte – aus der Kombination also einerseits vom urgründlichen *Gewolltsein* des Geistes im Strome des Werdens und anderseits der *Machtentsagung* des so wollenden Urgeistes eben um der unvorgreiflichen Selbstheit endlicher Geister willen –, daß in unsere unsteten Hände, jedenfalls in diesem irdischen Winkel des Alls, das Schicksal des göttlichen Abenteuers gelegt ist und auf unseren Schultern die Verantwortung dafür ruht. Da muß der Gottheit wohl um ihre Sache bange werden. Es ist kein Zweifel, wir haben es in unserer Hand, die Schöpfungsabsicht zu vereiteln, gerade in ihrem anscheinenden Triumph mit uns, und sind vielleicht kräftig daran. Warum dürfen wir es nicht? Warum dürfen wir nicht, wie die Tiere, *alles*, was wir können? Einschließlich der Selbstvernichtung? Weil das Sein es uns sagt? Aber bekanntlich, so lehrt uns alle moderne Logik und Philosophie, sagt es uns gar nichts darüber, aus keinem Ist folgt ein Soll. Nun, es kommt auf das »Ist« an. Man muß es sehen und man muß es hören. Was wir sehen, umschließt das Zeugnis des Lebens und des Geistes – Zeugen wider die Lehre von einer wert- und zielfremden Natur. Was wir hören, ist der Anruf des gesehenen

Guten, sein innewohnender Anspruch auf Existenz. Unser Sehen- und Hören*können* macht uns zu Angerufenen seines Gebotes der Anerkennung und so zu Subjekten einer *Pflicht* ihm gegenüber.

Die Pflicht, die stets bestand, wird akut und konkret mit dem Wachstum menschlicher Macht durch die Technik, die der ganzen Lebenswohnung hier auf Erden gefährlich wird. Das gehört mit zum Befund, zum allergegenwärtigsten, des »Ist«, das man sehen und hören kann. Es sagt uns, daß wir jetzt die von uns gefährdete göttliche Sache in der Welt vor uns schützen, der für sich ohnmächtigen Gottheit gegen uns selbst zu Hilfe kommen müssen. Es ist die Pflicht der wissenden Macht – eine kosmische Pflicht, denn es ist ein kosmisches Experiment, das wir mit uns scheitern lassen, in uns zuschanden machen können.

16. Daß wir Gott helfen müssen:
Das Zeugnis Etty Hillesums

Zu der wohl nach jeder Glaubenslehre ketzerischen Ansicht, daß nicht Gott uns helfen kann, sondern wir ihm helfen müssen, wurde ich durch das Auschwitz-Ereignis gedrängt – vom sicheren Port des Nicht-Dabei-gewesenseins, von dem sich leicht spekulieren läßt. Gültiger wird die Ansicht erst als mit dem eigenen Leben besiegeltes Bekenntnis einer wirklichen Zeugin, von dem ich viel später erfuhr. Diese Bekennerworte finden sich in den erhaltenen Tagebüchern Etty Hillesums, einer jungen holländischen Jüdin, die sich 1942 freiwillig ins Lager Westerbork meldete, um dort zu helfen und das Schicksal ihres Volkes zu teilen; 1943 wurde sie in Auschwitz vergast.

»... ich gehe an jeden Ort dieser Erde, wohin Gott mich schickt, und ich bin bereit, in jeder Situation und bis in den Tod Zeugnis davon abzulegen, ... daß es nicht Gottes Schuld ist, daß alles so gekommen ist, sondern die unsere.«

»... und wenn Gott mir nicht weiterhilft, dann muß ich Gott helfen. ... Ich werde mich immer bemühen, Gott so gut wie möglich zu helfen...«

»Ich will dir helfen, Gott, daß du mich nicht verläßt, aber ich kann mich von vornherein für nichts verbürgen. Nur dies eine wird mir immer deutlicher: daß du uns nicht helfen kannst, sondern daß wir dir helfen müssen, und dadurch helfen wir uns letztes Endes selbst. Es ist das einzige, auf das es ankommt: ein Stück von dir in uns selbst zu retten, Gott. . . . Ja, mein Gott, an den Umständen scheinst auch du nicht viel ändern zu können … Ich fordere keine Rechenschaft von dir, du wirst uns später zur Rechenschaft ziehen. Und mit fast jedem Herzschlag wird mir klarer, daß du uns nicht helfen kannst, sondern daß wir dir helfen müssen und deinen Wohnsitz in unserem Inneren bis zum Letzten verteidigen müssen.«[12]

Damit darf ich nicht schließen. Ein philosophischer Diskurs, der dieser doch nach Möglichkeit (bei allem Bekenntnishaften) sein will, darf nicht mit der emotionalen Vergewaltigung seiner Leser enden, und wenn ich von mir selbst schließen darf, hat das eben Vorgebrachte etwas davon an sich.

So sei mir gestattet, noch zwei Fragen zu streifen, die sich nüchtern abhandeln und sogar – seltener Vorzug – rational einsichtig beantworten lassen: nämlich die, ob denn solche Betrachtungen, wie ich sie hier angestellt und vermutlichen Lesern zugemutet habe, philosophisch erlaubt sind; und die andere, wie wichtig die heute viele Gemüter bewegende Frage ist, ob es außer uns noch anderes intelligentes Leben im Weltall gibt.

17. Darf Philosophie spekulativ sein?

Zum ersten Punkt: Es ist mir klar, daß ich im Vorange-gangenen dauernd gegen zwei mächtige Interdikte des heutigen Philosophierens gesündigt habe, die über eine längere Geschichte des neuzeitlichen Denkens fast den Status von Glaubensartikeln erlangt haben: daß man vom Unbeweisbaren die Finger lassen soll, und (als Spe-zialfall davon), daß logisch kein Weg vom Sein zum Sollen führt, von Tatsache zu Wert. Kurz: das Verbot der Metaphysik und das Dogma der bloßen Subjektivi-tät von Werten, also auch von Verbindlichkeit, also auch von Ethik. Die Beinah-Einstimmigkeit darin darf nicht schrecken. Sie spiegelt das Erliegen der Philoso-phie vor dem Erfolg der Naturwissenschaft, die sie nachahmen möchte. Die materialistische Naturwissen-schaft verdankt in der Tat ihren Erfolg dem Umstand, daß sie eben dies und nichts anderes sein will, der Defi-nition ihres Gegenstandes also, der eine expurgierte Edition des Seinsbefundes *ad usum Delphini*, zum Ge-brauch des Naturforschers, darstellt: Ausscheidung von Zwecken, Sinnesqualitäten, Subjektivität; Reduk-tion auf das quantitativ in Raum und Zeit Meßbare. Ontologisch ist das eine Fiktion; methodologisch, wie der Wissensertrag zeigt, von größtem Nutzen. Die Phi-losophie in der Nachfolge Descartes' antwortete mit einer ähnlichen, sozusagen komplementären Expurga-tion *ihres* Gegenstandes: dem Rumpf-Ich des reinen Bewußtseins, des subjektiven Idealismus, besonders der transzendentalen Art, in der sich die Deutschen hervortaten. Husserls reines Bewußtsein weiß zwar von einer »Lebenswelt« zu erzählen, aber nur als Datum »für« es, sich konstituierend in ihm oder gar konstruiert von ihm: es selber ist nicht Teil davon, nicht abhängig damit verwoben, und so kommt auch der Leib nur als erlebter vor, nur als »Phänomen«, nicht *wirklich*.

Solche künstlichen Expurgationen tun ihren Dienst und rechtfertigen sich durch den Ertrag der dadurch ermöglichten Disziplinen auf der einen und der anderen Seite der Teilung. Aber wenn sie sich in je ihrem Standpunkt verfestigen, Methode der Sache und Teil dem Ganzen gleichsetzen, werden die Nutznießer zu Opfern der leitenden Fiktionen. Aus Kritikern werden Dogmatiker, aus Antimetaphysikern unfreiwillige Metaphysiker. Die Naturwissenschaften sind hier nicht zu tadeln und sollen bei ihrem Geschäft bleiben, nur die Physiker sich hüten, aus ihrer Physik eine Metaphysik zu machen, nämlich die von ihnen erkannte Wirklichkeit für die ganze auszugeben. Die Physiker selbst, die ich kennenlernen durfte, fand ich bemerkenswert frei von dieser Versuchung, aber bei ihren bewundernden Zuschauern, naiven wie philosophischen, ist sie weit verbreitet. In jedem Falle ist es Sache der *Philosophie*, sich auf das Ganze zu besinnen, aber die hat, von den exakten Wissenschaften eingeschüchtert und (mit Descartes) »Sicherheit« zum Hauptmerkmal des Wissens erhebend, diesem noblen, aber inexakten Beruf entsagt und sich in ihrer Hälfte des Ganzen spezialwissenschaftlich verschanzt. Die maßlose (bis zur Komik der Alleinzulassung gehende) Überschätzung der erkenntnistheoretischen, logischen, semantischen Thematik zeigt es – als ob es in erster Linie darauf ankäme, *wie* der Mensch versteht, und nicht darauf, *was* es zu verstehen gibt. Und im »was« kann die Arbeitsteilung nicht das letzte Wort sein. Zuletzt gehören die Teile doch zusammen und müssen unter *eine* Weltformel gebracht werden. »Reine Natur«, »reines Bewußtsein«, Materialismus, Idealismus, selbst Dualismus waren nützliche Fiktionen; in ihrem Windschutz wurden, und werden weiterhin, wichtige Einsichten gewonnen. Aber einmal muß man sich freischwimmen und den Sprung ins tiefe Wasser wagen. Auf Numero Sicher kann man da freilich nicht gehen. Aber daß die dort begegnenden »letzten Fragen«, die auf keine *beweisbare* Antwort hoffen können, deshalb *sinnlos* seien (wie man wohl hört), ist nicht ernst zu nehmen; hinter jedem Denken lauern sie und noch der erklärte Agnostiker beantwortet sie mit seiner darin versteckten Metaphysik.

Natürlich muß *jeder* Versuch, dem Welträtsel Salz auf den Schwanz zu streuen, mit einer Blamage enden, aber die muß eben stets von neuem, als jedesmal andere und eigene, riskiert werden, gemildert durch den Trost, daß man sich wenigstens dabei in guter Gesellschaft befindet – in allerbester sogar: der der *philosophia perennis*. Mein mit so viel schwächeren Kräften unternommener Versuch, zu ihr zurückzufinden, kann mir als überheblich ausgelegt werden, doch das eine Körnchen Demut muß ihm zugebilligt werden, daß ich einfach nicht glauben kann, daß alle jene Großen, von Platon bis Spinoza, Leibniz, Hegel usw., blind und töricht waren und erst wir heute dank der Wiener Schule klug und weise geworden sind. Sie wagten die spekulative Frage nach dem Ganzen: dafür verdienen sie nicht Kritik, sondern ewigen Dank. Unsere Kritik muß prüfen, wie ihre Antworten vor unserem späteren Seinsbefund bestehen. Aber in ihre Schule, durch ihre Schule müssen wir gehen, um das Fragen zu lernen, von ihrem Siegen und Versagen uns belehren lassen. Soviel zu der Frage, ob das, was ich hier versucht habe, überhaupt erlaubt ist.

18. Wie wichtig ist es, zu wissen, ob es noch anderswo intelligentes Leben gibt?

Viel einfacher ist die andere, schon an und für sich einfältigere Frage zu beantworten: Ist es wichtig, zu wissen, ob es außer uns noch anderswo intelligente Wesen im Weltall gibt? Für die Neugier ist die Sachfrage natürlich ungemein interessant und besonders eine verifizierte positive Antwort darauf wäre für unser Weltgefühl nicht ohne Bedeutung: Ein Wissen um unseresgleichen »da draußen« würde z. B. den anthropischen Anteil am kosmologischen Befund für uns vergrößern, uns also auch in der darauf gestützten kosmogonischen Vermutung bestärken. Eine negative Antwort, ihrer Natur nach nicht verifizierbar (weil dafür alle in Betracht kommenden Weltkörper durchgegangen werden müßten), kann nur in der Form ausgebliebener positiver Kunde, also als Nichtwissen, bei der Frage nach der Relevanz eines Wissens in dieser Sache mitsprechen. Das Nein, das wir für unser Sonnensystem jetzt wissen, ist nichtssagend für das All. Man könnte da zwar mit Christian Morgenstern sagen: »Zeit gab's genug und Zahlen auch«, d. h. man kann versucht sein, aus den schieren Größenordnungen des homogenen Weltalls – den Ziffern von Galaxien, Sonnen, Zeitverläufen – nach statistischer Wahrscheinlichkeit das anderweitige Vorkommen intelligenten Lebens, sogar mit uns gleichzeitigen, im kosmischen Zufall als das Glaubhafteste abzuleiten. (Der Astronom Carl Sagan z. B. kommt zu sehr hohen Schätzungsziffern für fortgeschrittene Zivilisationen in unserem galaktischen System allein.) Aber das wäre, wie ein mir maßgeblicher Mathematiker mich belehrte, bei unserer Unkenntnis auch nur der Zahl der Unbekannten in der Rechnung der Bedingungen völlig unstatthaft, und es bliebe bei subjektiver Glaubhaftigkeit nach persönlichem Bedürfnis und Temperament. Daß jenes Vorkommen möglich ist, besagt nicht mehr, als daß es nicht unmöglich ist. Das einzige, was wir *wissen*, ist, daß *wir* da sind und, gemessen an der Vergangenheit des Lebens auf Erden (von der des Alls zu schweigen), noch nicht lange. Welchen existentiellen, mehr als theoretischen Unterschied würde es ausmachen, mehr zu wissen – vom Dasein uns geistig ähnlichen Lebens anderswo zu erfahren? Meine Antwort ist: gar keinen.

a) Gewiß keinen praktischen Unterschied. Wo ein einziges Hin und Her von Signalen (»Rede und Antwort«) selbst in unserer intragalaktischen Nachbarschaft günstigstenfalls Jahrzehnte brauchen würde, viel wahrscheinlicher aber in Jahrhunderten und Jahrtausenden gerechnet werden muß, ist eine wirkliche Kommunikation, ein *Gespräch*, nicht möglich. Nicht nur wären die Anredenden längst verstorben, auch ihre Mitteilung oder Frage wäre längst überholt. Übrigens wäre ja nur mit technisch mindestens so weit fortgeschrittenen Zivilisationen, wie die unsrige es soeben erst nach Jahrtausenden menschlicher Hochkulturen durch den abendländischen Geschichtszufall geworden ist, ein Signalkontakt überhaupt möglich: eine weitere Last auf der Waage der Wahrscheinlichkeiten. In jedem Fall ist zwischen Hin und Her das irdische Geschäft weitergegangen und die spätere Generation, bei der die Antwort einläuft, wird sie zum Archiv kosmischer Miszellen legen.

b) Würde es ein kosmisches Einsamkeitsgefühl beseitigen? Wer es zu empfinden behauptet, dem kann ich es nicht bestreiten, aber es fällt mir schwer, es ihm zu glauben. Vier (oder bald fünf) Milliarden Mitlebende von der homo-sapiens-Familie auf diesem Globus schützen mich reichlich vor Gefühlen des Alleinseins in der Welt; und die Gattung ist kein Subjekt, das Gefühle haben kann. In jedem Fall ist besagtes »Gefühl« ein sehr abstraktes, durch die abstrakte Theorie kosmischer Weiten erzeugtes, und nicht weniger abstrakt wäre das Code-entzifferte Wissen um irgendeinen anderen Fall von unseresgleichen in jener Weite, mit denen wir, wie gesagt, doch in keinen Verkehr treten können. Den haben wir nur unter uns, und wenn man das Einsamkeit nennt, so bleibt die bestehen.

c) Aber vielleicht ändert die Entdeckung anderer und vermutlich auch mit Fühlen begabter Intelligenz im Universum das von Bertrand Russell so bewegt – teils klagend, teils heroisierend – geschilderte Bewußtsein, mit unserem Streben, Wählen und Werten einem gleichgültigen, wertfremden, ja lebensfeindlichen All gegenüberzustehen? Mitnichten. Wer beim Porträt vom interesselosen Universum ignorieren konnte, daß es immerhin *uns* Interesse-bewegte, Werte-erfindende Wesen aus sich hat hervorgehen lassen, kann dies ebenso gut auch bei anderen Inseln des Fühlens und Wollens in diesem selben All des Nichtfühlens usw. tun: Sie teilen dann mit uns das Schicksal kosmischer Einsamkeit des

Interesses und des heroisch-trotzigen Bestehens auf den willkürlich selbsterfundenen Wertfiktionen. Nur wer schon den anthropischen Befund anders liest und aus ihm einen kosmologischen Schluß zieht, kann sich in diesem durch weitere Beispiele bestärken lassen. Wer ihn aus dem einen Beispiel nicht zieht, der kann auch in anderen keinen Grund dazu erblicken, sondern nur weitere insulare Fälle derselben nihilistischen Situation.

d) Aber würde, um zur Hauptsache und zum Schluß zu kommen, die Kunde von anderem intelligenten Leben im Universum einen *moralischen* Unterschied ausmachen? Würde sie etwas an unserer Verantwortung ändern? Können wir uns dann vielleicht dessen getrösten, daß, wenn wir die große Sache hier verspielen, sie anderswo in besseren Händen doch fortgeführt wird? Sie also nicht an uns allein hängt? Wir also doch etwas mehr mit unserem Teil davon wagen dürfen? Aber nein! Für das Geschick des Geistes hier, wo wir walten, dem alleinigen Revier unserer Macht, sind wir allein verantwortlich – wie jene hypothetischen Intelligenzen, wenn es sie gibt, in ihrem. Keiner kann dem anderen davon etwas abnehmen, keiner dem anderen dabei helfen, sie nicht uns und wir nicht ihnen. In diesem Sinne sind wir allein! Wir wissen dies, daß mit uns und in uns, in diesem Teil des Alls und diesem Augenblick unserer verhängnisvollen Macht, die Sache Gottes auf der Waage zittert. Was geht es uns an, ob sie anderswo gedeiht, gefährdet, gerettet, vertan wurde? Daß *unser* irgendwo einmal im All aufgefangenes Signal keine Todesanzeige sei, damit haben wir die Hände voll zu tun. Kümmern wir uns um unsere Erde. Was immer es draußen geben möge, hier entscheidet sich unser Schicksal und mit ihm soviel vom Schöpfungswagnis, wie an diesen Ort geknüpft, in unsere Hände geraten ist, von uns betreut oder verraten werden kann. Sorgen wir uns darum, als ob wir in der Tat einzig im All wären.

Anmerkungen

1 Alle dynamischen Gleichgewichte sind vorübergehend. Z. B.
Bahnradius und Umlaufzeit der Erde – das derzeit eingespielte
kinetische Gleichgewicht zwischen ihrem Trägheitsmoment und
der Sonnenanziehung – könnten verändert werden durch Varia-
ble wie Massenzuwachs der Erde durch fortwährenden Meteoreinsturz, Widerstand interplanetarischer Materie; Massenver-
lust der Sonne durch Ausstrahlung gegenüber Zuwachs durch
Meteoreinsturz; dazu weitere Dehnung des Weltraums mit ent-
sprechender Gravitationsschwächung. Wie die Gesamtrechnung
sich stellt, weiß ich nicht. Die Aufzählung soll nur die Allgemein-
these illustrieren, daß die Gleichgewichte in der Natur nicht
absolut stabil sind, sondern *rebus sic stantibus* gelten. Demnach
ist auch das Phänomen des »Kreislaufs«, tröstlich wie es in seiner
Langlebigkeit und steten Erneuerung der Lebenszyklen ist, doch
selber zeitlicher, vergänglicher, auf lange Sicht der Degeneration
ausgesetzter Natur. Es verdankt sich dem vormaligen, evolutio-
nären Siege regelmäßiger Kausalität über das Urchaos und muß
nun dieselbe Kausalität stetig an sich nagen lassen. Wir sollen uns
durch diese kosmische Vergänglichkeit nicht schrecken lassen: in
dem gewonnenen, für uns langlebigen Intervall großer, weit ge-
spannter Artikulationen liegen die Chancen für eben das, was für
uns und wohl auch für einen göttlichen Betrachter den Sinn des
ganzen, aufwendigen Weltabenteuers ausmacht.

2 Hier ist einzuschalten, daß mit dem Auftreten selbstreplikativer
DNS-Sequenzen die chemische Vorbereitung des Lebens abge-
schlossen ist und nunmehr die »Informatik« das Prinzip der
Lebensentwicklung selber wird. Von da an ist also der Informationsbegriff in der Tat am Platze. Aber selbst hier findet *Zuwachs* an
Information (Modifizierung und Anreicherung gegebener Information – also eben Entwicklung) ohne Zutun einer *hierfür* vorlie-
genden Information statt: Der Zuwachs entstammt dem Zufall
eindringender Unordnung, deren »Schriftzeichen«-Ergebnis dem
genetischen Text als neues Sinnelement einverleibt wird und sich
in der somatischen Erprobung entweder bewährt oder nicht.

3 Siehe H. Jonas, *Macht oder Ohnmacht der Subjektivität?*, Frank-

furt/Main 1981: Insel Verlag; Frankfurt/Main 1987: suhrkamp taschenbuch 1513.

4 Alfred North Whitehead, in *Process and Reality*, postuliert schon dies für *jede* »aktuelle Entität«, also schon für das Elementarteilchen. Diese Ausdehnung aktueller Innerlichkeit ins Vororganische und Allereinfachste, ihre Kongruenz also mit Stofflichkeit überhaupt, scheint mir überkühn und ungedeckt durch irgendein Datum unserer Erfahrung, die uns Spuren von Subjektivität erst in den hochgradigen Zusammensetzungen von Organismen entdecken oder ahnen läßt.

5 Die Chance für Leben, wie wir es kennen, liegt zwischen Gefrier- und Siedepunkt des Wassers, also in dem engen Band zwischen 273 und 373 Grad Kelvin aus den Millionen Graden des Temperaturspektrums, in dem die kosmische Materie existiert; und damit es zur Entwicklung höherer Arten kommt, muß diese Begrenzung stetig durch Jahrmilliarden gewahrt bleiben. Bei der Erde mit ihren Ozeanen ist dies dank ihrem genauen Sonnenabstand der Fall. Eine nur einprozentige Vergrößerung im Mittelwert dieses Abstands würde zur totalen Vereisung, eine Verringerung um fünf Prozent zur totalen Versiedung des Wassers führen. Die Wahrscheinlichkeit für eine Wiederholung dieses Sonderfalles in anderen der (sicher zahlreichen) Planetensysteme des Weltalls ist gar nicht zu errechnen.

6 Seit der Auflockerung des klassischen Determinismus durch die Quantentheorie ist diese »Offenheit«, d. h. das kausale Raumgeben für solche zielspontane Interventionen, kein theoretisch prohibitives Problem mehr – siehe wieder meine in Anmerkung 3 genannte Abhandlung, besonders S. 89–116.

7 Siehe H. Jonas, »Werkzeug, Bild und Grab. Vom Transanimalischen im Menschen«, *Scheidewege* 15, 1985/86, S. 48–55.

8 Siehe H. Jonas, *Organismus und Freiheit*, Göttingen 1973: Vandenhoeck & Ruprecht, besonders S. 124–137, 151–163.

9 Siehe H. Jonas, *Augustin und das paulinische Freiheitsproblem*, Göttingen 1965, Vandenhoeck & Ruprecht, speziell Anhang III »Philosophische Reflexion über Paulus, Römerbrief Kap. 7« (S. 93–105).

10 Doch nur der künftige, *potentielle* Träger eines Geistes wird auf

diese Weise geschaffen, nicht der Geist selber: Dieser entsteht
erst, und nur, aus der – anfangs ganz rezeptiven, dann zusehends
reziproken – Kommunikation des Neugeborenen mit schon da-
seienden geistigen Subjekten, den es umgebenden und sich ihm
mitteilenden Erwachsenen. Ohne eine sprachliche und es anspre-
chende Umgebung würde das junge Menschentier, auch bei leib-
lichem Überleben und Wachstum, gar nicht zum Menschen
werden. Daß Sprache ein von schon Sprechenden Erlerntes ist,
besagt, daß auch Geist ein von vorgegebenem Geist zu Erlernen-
des ist. Nur im Verkehr mit ihm entsteht der neue Geist, der sich
der genetisch vorbereiteten Instrumentalität des Gehirns bedient,
und erst durch das progressive Sichbedienen vollendet sich auch
das Wachstum der physischen Instrumentalität selber, die ohne
das verkümmern bzw. gar nicht erst zum Gebrauche reifen
würde. Es beginnt also mit der Geburt, dem Hinaustreten in die
Welt, eine der fötalen (noch fortgehenden) physischen Ontogenese überlagerte, neuartige Ontogenese aus nunmehr geistiger
Information; und nur vorgängiger Geist von außen kann sie lie-
fern und damit die aus der inneren, blinden »Information« des
Genoms erstandene Potentialität zur Realisierung bringen. Also
gilt in jeder individuellen Ontogenese, daß aktueller Geist für sein
Werden schon jeweils aktuellen Geist voraussetzt. (Ich verdanke
diesen Hinweis meinem Freunde Heinrich Popitz.) Unser jetziges
Argument geht auf eine ähnliche Voraussetzung schon für die
ursprüngliche Ausstattung der Materie überhaupt mit der gene-
rellen Möglichkeit, es zu einer solchen ausgebildeten Potentialität für den Geist zu bringen.

11 Siehe »Unsterblichkeit und heutige Existenz« in H. Jonas, *Zwi-
schen Nichts und Ewigkeit*, Göttingen 1963, 1987: Vandenhoeck
& Ruprecht, S. 44–62, und H. Jonas, *Der Gottesbegriff nach
Auschwitz*, Frankfurt/Main 1987: suhrkamp taschenbuch 1516.

12 Aus *Das denkende Herz. Die Tagebücher von Etty Hillesum
1941–1943*, Freiburg/Heidelberg 1983: F.H. Kerle; Reinbek
1985: Rowohlt Taschenbuch 5575, S. 141–149. Fast vierzig
Jahre mußten vergehen, ehe diese vor der Deportation in privaten
Händen gelassenen Aufzeichnungen ihre erste holländische Ver-
öffentlichung fanden.

Inhalt

Theodor W. Adorno
Sein Werk im Suhrkamp Verlag

Gesammelte Schriften. Herausgegeben von Gretel Adorno und Rolf Tiedemann. Leinen und Kartoniert

Einzelausgaben

21/1/4.88

Theodor W. Adorno
Sein Werk im Suhrkamp Verlag

21/2/4.88